100

infos à connaître

LES REQUINS

100
infos à connaître
LES REQUINS

Steve Parker
Consultant : Trevor Day

Piccolia

4, avenue de la Baltique
91946 Villebon – France
Dépôt légal : 3ème trimestre 2006
Loi n°49-956 du 16 juillet 1949
sur les publications destinées à la jeunesse.
Imprimé en chine

Remerciements :
aux artistes qui ont contribués
à l'élaboration de ce titre

Mark Davies
John Butler
Mike Foster
Colin Howard
Mick Loates
A. Menchi /Studio Galante
Andrea Morandi
Andy Robinson
Rudi Vizi
Page 32 (B) Fred Bavendam/Minden Pictures/FLPA
Page 42/43 (B) Michael Prince/CORBIS
Page 45 (CR) Warner Bros/Pictorial Press
Page 46/47 (FP) Amos Nachoum/CORBIS

Sommaire

Les requins peuplent les mers

1 Les requins sont des mangeurs de poissons et ils vivent dans la mer. La plupart d'entre eux sont de grands prédateurs qui chassent leurs proies. Certains se contentent de guetter leurs victimes. D'autres enfin sont des charognards qui se régalent d'animaux agonisants ou morts comme les baleines et les phoques.

▼ Le requin-taureau possède les caractéristiques typiques du requin 1: de petits yeux ronds, des narines développées, une large gueule avec des dents pointues, des fentes branchiales pour respirer sous l'eau, une queue puissante, des nageoires pour se diriger... et un féroce appétit !

On trouve des requins dans tous les océans et mers du monde mais ils sont plus rares dans les eaux froides de l'Antarctique.

Certains requins sont gigantesques

2 Le requin-baleine est le plus gros poisson du monde. Il peut mesurer jusqu'à 12 mètres de long, autant que trois voitures garées les unes derrière les autres et pèse plus lourd que les trois réunies, près de 12 tonnes.

3 En dépit de sa grande taille, le requin-baleine se nourrit essentiellement de petites proies. Il ouvre son énorme gueule, avale une grande gorgée d'eau et la filtre à travers les fentes de ses branchies situées de chaque côté de son cou. C'est ainsi qu'il piège les petits animaux ressemblant à des crevettes, qui forment le krill. Il se nourrit aussi de petits poissons et de bébés encornets.

▶ Les petits crustacés qui forment le krill ressemblent à de minuscules crevettes, mesurant généralement entre 2 et 3 cm. Le plancton en contient des millions ainsi que d'autres créatures microscopiques.

4 Le requin-baleine aime voyager à travers les océans chauds. Il parcourt plus de 5000 kilomètres en une année. Il se promène loin et sans but mais, à certaines périodes de l'année, il a tendance à se rendre dans les mêmes régions, là où la nourriture est abondante.

▲ Le requin-baleine nage la gueule grande ouverte pour filtrer le krill de l'eau. Il avale parfois d'autres animaux comme des pingouins, de petits requins, ou des thons.

À certaines périodes de l'année, le requin-pèlerin perd ses vieilles branchiospines et ne peut plus se nourrir tant que les nouvelles ne sont pas apparues.

5

Les requins-baleines peuvent dormir pendant des mois ! On pense qu'ils se laissent couler au fond de la mer et restent immobiles pendant plusieurs semaines par an, pour économiser leur énergie lorsque la nourriture se fait rare.

6

Le requin-pèlerin est gigantesque, lui aussi. Il peut mesurer jusqu'à 10 mètres et peser 6 tonnes. Comme le requin-baleine, il filtre les petits animaux et les morceaux de nourriture qui se trouvent dans l'eau.

▶ Les motifs en forme de vagues sur la peau des requins-pèlerins sont dûs à la lumière du soleil qui filtre à travers l'eau.

7

Certains requins se régalent de viande en décomposition ! Le requin dormeur bouledogue se nourrit de toutes sortes de cadavres de baleines, de phoques, de dauphins, d'autres requins ou d'encornets et même d'animaux terrestres noyés, comme le renne.

▶ Ralentis par les eaux glaciales de l'océan Arctique, les requins du Groenland nagent lentement.

Les requins ont vécu avant les dinosaures

8 **Les premiers requins sont apparus il y a plus de 350 millions d'années.** C'est 120 millions d'années avant l'apparition des dinosaures qui, eux, ont disparu il y a plus de 65 millions d'années. Les requins ont survécu et ont dominé les mers près de deux fois plus longtemps que n'a duré le règne des dinosaures sur terre !

9 **Certains poissons préhistoriques sont appelés « requins épineux ».** Ils ressemblaient à des requins, avec un corps profilé et des pointes acérées sur le corps et le ventre. Leur véritable nom est *acanthodiens*. On les trouvait dans les lacs et les rivières il y a 400 à 250 millions d'années.

Certaines espèces de requins hybodus ont vécu plus de 150 millions d'années ; c'est une des plus longues durées d'existence.

◀ La forme du corps des requins et leur comportement ont beaucoup évolué depuis leur première apparition. Le requin hybodus vivait il y a 160 millions d'années, à l'ère jurassique, pendant le règne des dinosaures.

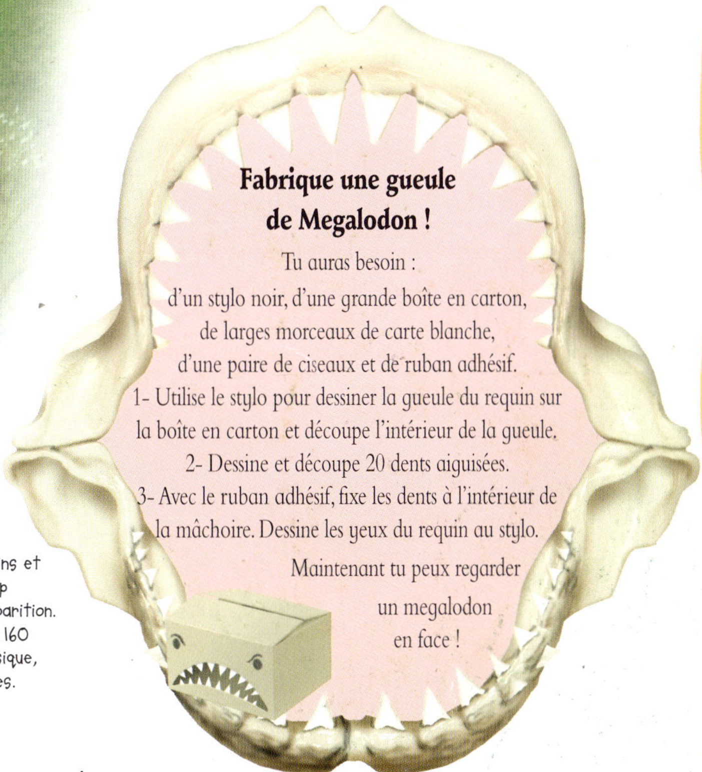

Fabrique une gueule de Megalodon !

Tu auras besoin :
d'un stylo noir, d'une grande boîte en carton, de larges morceaux de carte blanche, d'une paire de ciseaux et de ruban adhésif.

1- Utilise le stylo pour dessiner la gueule du requin sur la boîte en carton et découpe l'intérieur de la gueule.

2- Dessine et découpe 20 dents aiguisées.

3- Avec le ruban adhésif, fixe les dents à l'intérieur de la mâchoire. Dessine les yeux du requin au stylo.

Maintenant tu peux regarder un megalodon en face !

10

Des corps de requins se sont transformés en pierre ! Des requins morts il y a très longtemps ont été conservés, en partie du moins, dans des pierres, comme des fossiles. On retrouve surtout des morceaux durs, comme les dents et les écailles qui nous permettent de deviner leur taille et d'avoir une idée de ce qu'ils mangeaient.

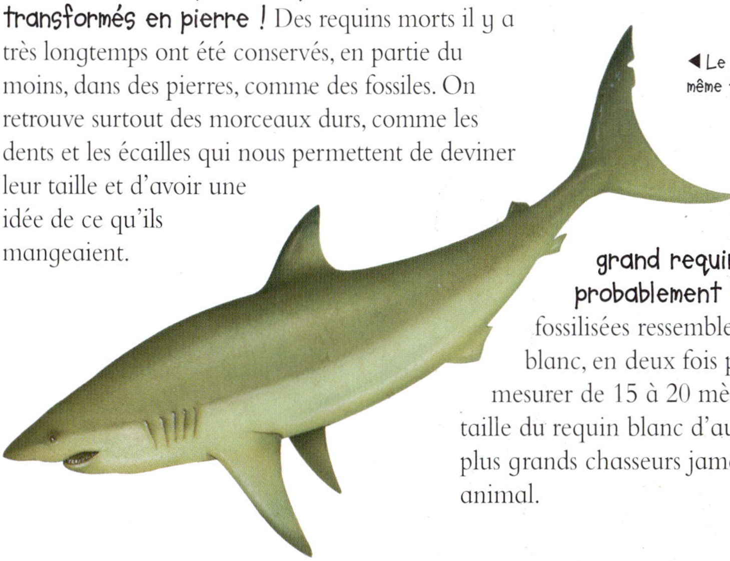

◀ Le megalodon avait probablement la même forme que le grand requin blanc.

11

Le plus grand requin de l'histoire était probablement le megalodon. Ses dents fossilisées ressemblent à celles du grand requin blanc, en deux fois plus grandes. Il devait mesurer de 15 à 20 mètres de long, soit trois fois la taille du requin blanc d'aujourd'hui. C'était l'un des plus grands chasseurs jamais connus du monde animal.

Des champions de natation

12 **Presque tous les requins ont un corps fin et profilé qui glisse parfaitement dans l'eau et leur permet de nager rapidement.** Le requin mako fait partie des requins les plus rapides. Il nage à plus de 55 km/heure, plus vite qu'un champion de course !

▼ Le requin mako est fin et rapide. Il pourchasse ses proies comme les maquereaux, les thons et les encornets. Il peut sauter à plus de 10 mètres hors de l'eau.

NOMME LES NAGEOIRES

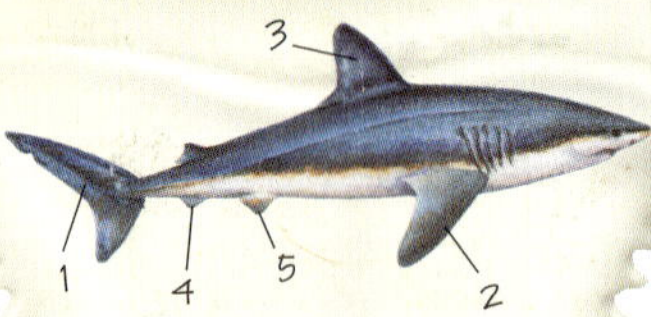

1- Nageoire caudale (queue)
2- Nageoire pectorale
3- Nageoire dorsale
4- Nageoire anale
5- Nageoire pelvienne

13 **Les requins possèdent plusieurs nageoires qui leur permettent de nager et de se frayer un chemin dans l'eau.** Les nageoires dorsales se trouvent sur le dos, les nageoires pectorales sur le ventre, près de la tête, et les nageoires pelviennes en dessous, près de la queue. La queue s'appelle la nageoire caudale.

▼ La nageoire dorsale du requin l'empêche d'osciller pendant qu'il nage.

La queue du requin-renard était utilisée pour fabriquer des lanières pour les attelages de chevaux et les chariots.

14

Certains requins ont des queues plus longues que leur corps ! Le requin-renard mesure 6 mètres et sa queue fait plus de la moitié de son corps. Il s'en sert pour assommer ses proies avant de les dévorer.

▼ Le requin-renard agite sa queue d'un côté et de l'autre pour assommer les petits poissons avant de les dévorer.

15

Les nageoires ont d'autres fonctions. Certains requins frappent la surface de l'eau avec leurs nageoires pour effrayer leurs victimes. D'autres s'en servent pour agiter le sable ou la boue au fond de l'eau afin de débusquer les proies cachées.

16

Comme les autres poissons, le requin respire sous l'eau grâce à ses branchies. Situées sous les fentes branchiales de chaque côté de la tête, elles sont remplies de sang. L'eau entre par la gueule du requin, au-dessus des branchies, et ressort par les fentes. Les branchies récupèrent l'oxygène de l'eau car, comme les autres animaux, les requins ont besoin d'oxygène pour survivre.

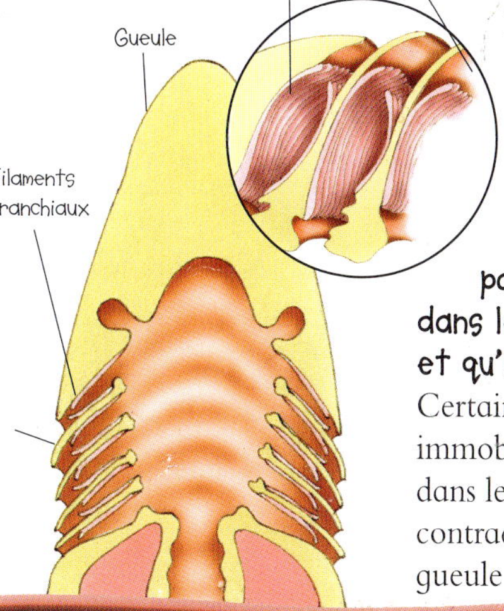

▶ Les fentes branchiales du requin se trouvent près de son encolure. Généralement, il y en a cinq de chaque côté.

17

La plupart des requins doivent nager continuellement, pour que l'eau passe dans les fentes branchiales et qu'ils puissent respirer. Certains requins peuvent rester immobiles et faire circuler l'eau dans leurs branchies en contractant les muscles de leur gueule et de leur encolure.

Les requins mangent presque tout

18 **Le requin-tigre avale toutes sortes de déchets.** Il est réputé pour dévorer tout ce qui lui tombe sous la dent. Il lui arrive même d'ingurgiter des objets sans rapport avec la nourriture : des boîtes de conserves ou des chaussures de plage !

▶ Un requin-tigre affamé essaiera d'attraper des proies vives et agiles, par exemple, les lions de mer et les phoques, en les mordant violemment pour qu'elles saignent et s'affaiblissent.

19 **Le requin-tigre est cannibale.** Cela signifie qu'il mange ses semblables, ce qui est assez rare dans le monde animal.

20 **Les jeunes requins-tigres ont les flancs rayés, comme les vrais tigres.** Ces rayures leur permettent de se camoufler ou de se cacher dans les ombres des herbes aquatiques et des rochers. Elles disparaissent peu à peu et sont presque invisibles sur un requin-tigre adulte.

Un gros requin peut engloutir jusqu'à la moitié de son poids en un seul repas !

21 Les requins-tigres nagent droit sur la plage !

21 Les requins-tigres nagent droit sur la plage ! La plupart des requins restent loin des rivages, où ils risqueraient de mourir, mais le requin-tigre s'approche des côtes, spécialement la nuit, pour chercher sa nourriture. Ils n'ont aucune difficulté à nager dans de l'eau si peu profonde qu'elle couvrirait à peine tes genoux, ce qui peut rendre la baignade dangereuse !

INCROYABLE !

Les requins-tigres avalent parfois des choses étranges : des bouteilles, des outils, des pneus de voiture... Une fois, on a même trouvé un requin qui avait avalé un tambour !

22 Beaucoup de requins se limitent à un petit nombre d'aliments. Une espèce de requin-taureau se nourrit uniquement d'oursins. Néanmoins, lorsqu'il a très faim, il mange d'autres animaux.

23 Les requins ne possèdent pas tous des dents pointues et tranchantes. Le requin de Port Jackson a des dents grandes et larges, comme des cailloux arrondis. Il les utilise pour écraser la coquille solide de son repas préféré, les coquillages.

Les requins n'ont pas d'os

▶ Les principales parties du squelette sont le crâne, les côtes, l'épine dorsale ou colonne vertébrale, et les cartilages des nageoires.

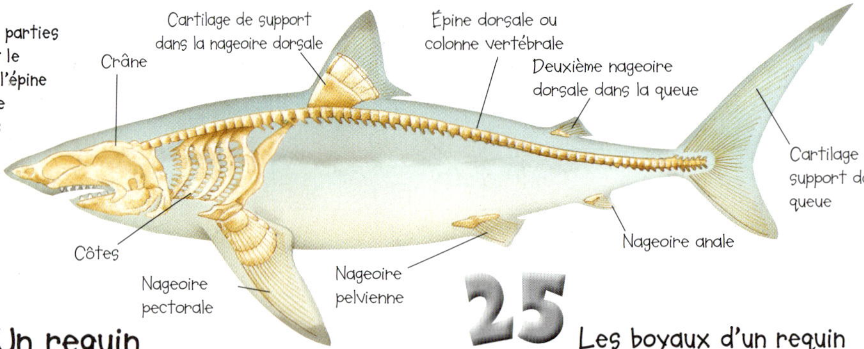

24 Un requin possède un squelette, comme toi, mais il n'a pas d'os ! Son squelette est constitué de cartilage, très léger, très résistant et légèrement courbé.

25 Les boyaux d'un requin sont près de deux fois plus longs que son corps. La nourriture ingurgitée par le requin passe dans son estomac puis dans ses intestins. L'estomac comprend une partie appelée valve spirale que l'on ne trouve que chez les requins et les raies. En forme de tire-bouchon, elle lui permet de récupérer les nutriments des aliments.

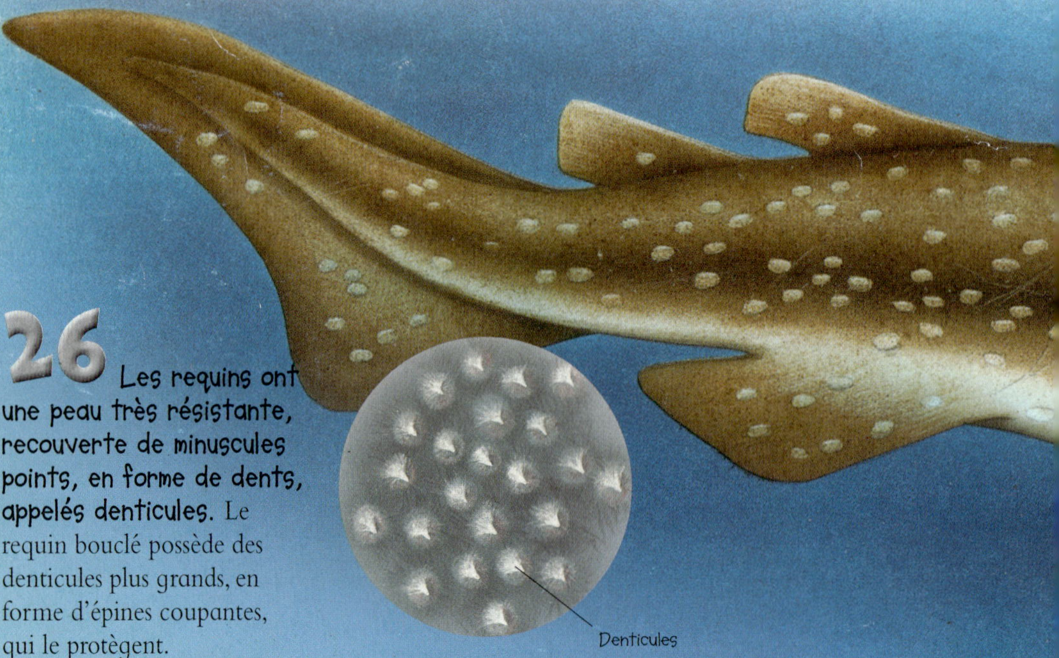

26 Les requins ont une peau très résistante, recouverte de minuscules points, en forme de dents, appelés denticules. Le requin bouclé possède des denticules plus grands, en forme d'épines coupantes, qui le protègent.

Les dents des requins sont bien plus grandes et plus fortes que leur peau ou écailles.

27 La peau du requin peut être utilisée.

Selon les époques, elle a servi à fabriquer des sacs à main, des chaussures, des ceintures, des boîtes, des courroies.

▲ Depuis des siècles, on fabrique des produits à base de requin, comme les sacs et les pilules vitaminées, mais, de nos jours, beaucoup d'espèces sont en voie de disparition et doivent être protégées.

28 Beaucoup de requins fabriquent une sorte d'huile.

Beaucoup de requins fabriquent une sorte d'huile. Cette substance visqueuse, secrétée par la peau, la rend glissante et permet au requin de nager plus vite. Elle est fabriquée en permanence pour remplacer celle qui s'écoule dans l'eau. Lorsqu'un requin est pris dans un filet, en se débattant pour tenter de s'échapper, il peut endommager cette couche protectrice et se blesser.

Lesquels de ces organes se trouvent...

A. dans le corps d'un requin mais pas dans ton corps ?
B. dans ton corps mais pas dans celui d'un requin ?
C. dans ton corps et dans celui d'un requin ?

1. estomac
2. poumon
3. valve en spirale
4. foie
5. branchie

Réponses : 1. C 2. B 3. A 4. C 5. A

▲ Le requin bouclé est très « épineux » avec son corps recouvert de denticules. C'est un nageur lent qui peut atteindre 4 mètres de long.

Le tueur suprême

29 Le plus grand poisson prédateur au monde est le grand requin blanc. Il mesure plus de 6 mètres de long et pèse plus d'une tonne. Les grands requins blancs vivent dans toutes les mers du monde, principalement dans les mers chaudes. Ils ont une réputation terrifiante et sont souvent les héros de films d'épouvante.

▼ Curieux, les grands requins blancs s'approchent souvent des cages anti-requins qui protègent les plongeurs. C'est en partie parce qu'ils sont toujours à la recherche de nourriture...

INCROYABLE !

Le risque de se faire électrocuter est 20 fois plus important que celui de se faire attaquer par un requin !

30 Les grands requins blancs se réchauffent ! Ils peuvent rendre la température de leur corps plus élevée que celle de l'eau autour d'eux. Cela permet à leurs muscles de mieux travailler et donc de nager plus vite et plus efficacement. En fait, le grand requin blanc est en partie à sang chaud, comme toi !

Les dents usées du grand requin blanc tombent pour laisser la place à de nouvelles dents ; ainsi il peut avoir jusqu'à 3000 dents qui se succèdent au cours de sa vie.

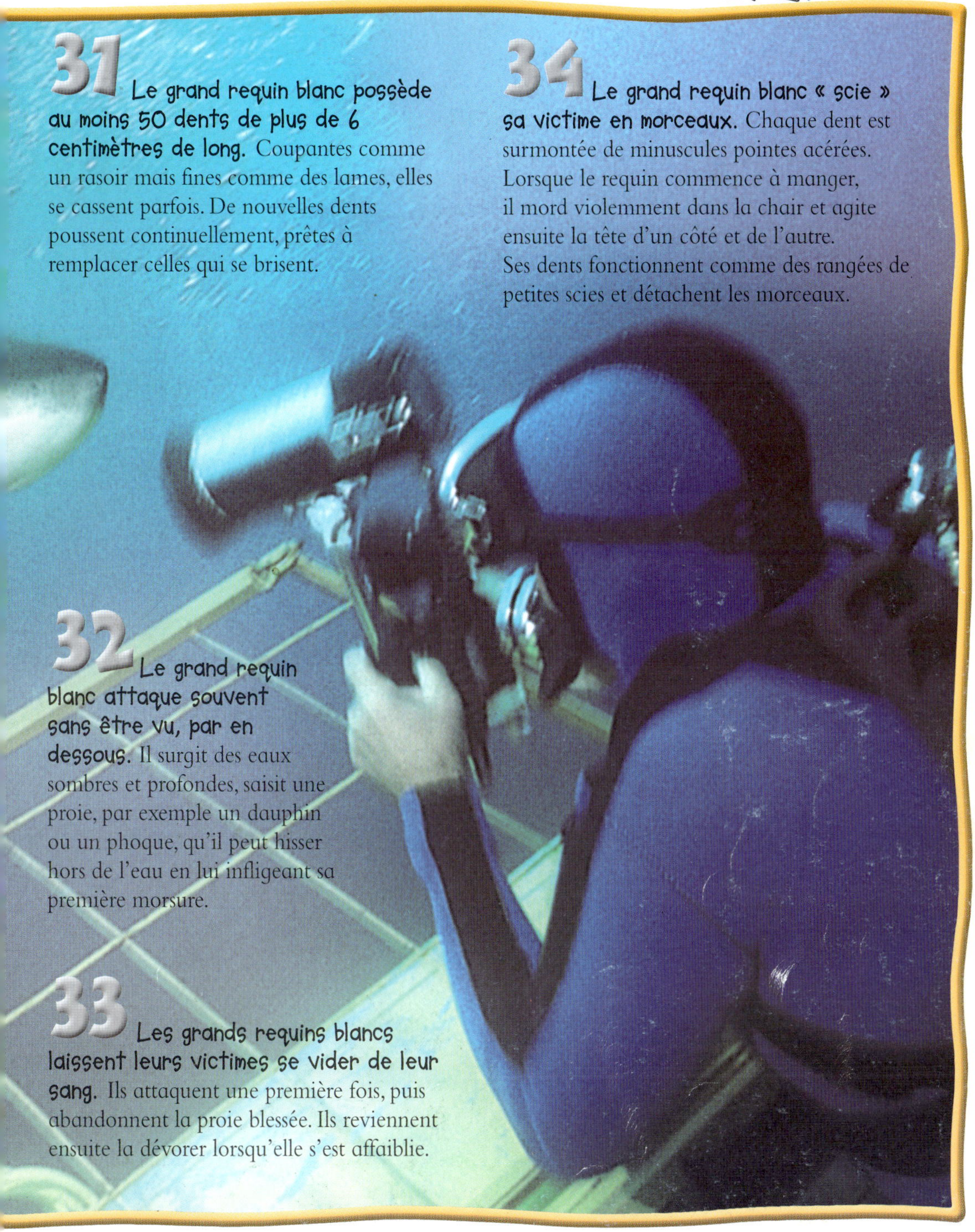

31 Le grand requin blanc possède au moins 50 dents de plus de 6 centimètres de long. Coupantes comme un rasoir mais fines comme des lames, elles se cassent parfois. De nouvelles dents poussent continuellement, prêtes à remplacer celles qui se brisent.

34 Le grand requin blanc « scie » sa victime en morceaux. Chaque dent est surmontée de minuscules pointes acérées. Lorsque le requin commence à manger, il mord violemment dans la chair et agite ensuite la tête d'un côté et de l'autre. Ses dents fonctionnent comme des rangées de petites scies et détachent les morceaux.

32 Le grand requin blanc attaque souvent sans être vu, par en dessous. Il surgit des eaux sombres et profondes, saisit une proie, par exemple un dauphin ou un phoque, qu'il peut hisser hors de l'eau en lui infligeant sa première morsure.

33 Les grands requins blancs laissent leurs victimes se vider de leur sang. Ils attaquent une première fois, puis abandonnent la proie blessée. Ils reviennent ensuite la dévorer lorsqu'elle s'est affaiblie.

D'étranges requins

35 Le requin griset possède une paire de branchies supplémentaire. C'était sans doute le nombre de branchies des requins préhistoriques, avant l'apparition des requins actuels. Il mesure plus de 5 mètres de long et a une alimentation variée allant des coquillages aux dauphins morts.

INCROYABLE !

Le plus petit des requins peut tenir enroulé dans le creux de ta main. Il est minuscule (20 centimètres) et appartient à la famille du sagre lanterne.

▶ Chaque dent du requin-lézard se termine par trois pointes semblables à des aiguilles qui lui permettent de déchiqueter le corps mou de ses proies.

36 Il existe des requins-lézards !
Le requin-lézard possède six paires de fentes branchiales ondulées. Avec son long corps fin de 2 mètres de long et ses nageoires allongées, il ressemble plus à une anguille qu'à un requin. De couleur brun foncé, il vit dans les eaux très profondes où il se nourrit de pieuvres et de calmars.

Le requin-lutin est connu depuis 1187, mais jusqu'à ce qu'on en capture un vivant, quelques années plus tard, on croyait l'espèce éteinte.

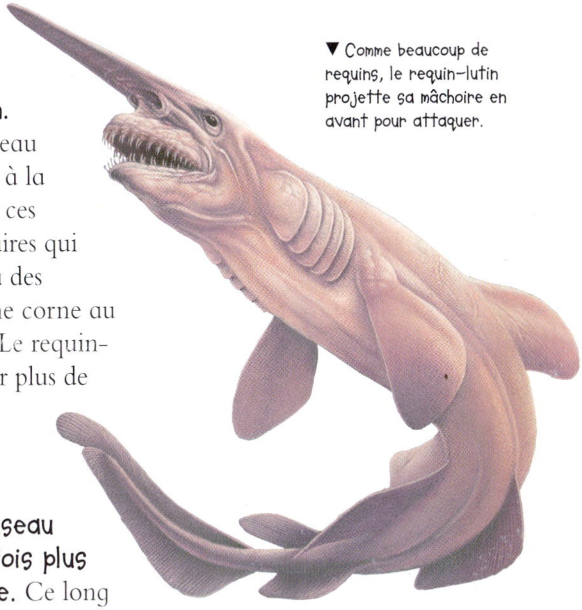

▼ Comme beaucoup de requins, le requin-lutin projette sa mâchoire en avant pour attaquer.

37

Certains requins ressemblent à des licornes, en particulier le requin-lutin. Il est doté d'un long museau pointu qui fait penser à la corne des licornes, ces animaux légendaires qui ressembleraient à des chevaux avec une corne au milieu du front. Le requin-lutin peut mesurer plus de 3 mètres de long.

38

Le requin-scie a un museau en forme de scie qui mesure parfois plus de la moitié de sa longueur totale. Ce long nez est recouvert de pointes, semblables à des dents, situées sur les côtés. Le requin-scie l'utilise pour fouiller dans le sable et la boue afin de débusquer ses proies, des coquillages par exemple.

▼ Chez le sagre lanterne, les minuscules organes qui produisent de la lumière s'appellent des photophores.

39

Certains requins brillent dans le noir, comme le sagre lanterne. Il vit dans les eaux profondes et sombres et son corps est parsemé de points lumineux, surtout autour de la gueule et le long des flancs. Ces points attirent les petits animaux curieux, comme les poissons et les encornets, qui sont ensuite happés par le requin.

Des animaux sensibles

40 **La plupart des requins possèdent de grands yeux et ont une très bonne vue, surtout dans le noir.** Beaucoup se nourrissent la nuit ou dans les eaux profondes et sombres. La vue est donc un sens très important qui lui permet de repérer ses proies. Certains requins ont des yeux qui luisent la nuit, comme ceux des chats.

▼ Le requin-taupe se sert de sa vue perçante pour poursuivre ses proies préférées, les maquereaux.

41 **Les requins possèdent un odorat étonnant.** C'est leur sens le plus développé. Ils peuvent sentir le sang ou les fluides corporels des animaux blessés à des kilomètres. Un requin « hume » l'eau en se servant de ses narines, exactement comme toi tu renifles l'air avec ton nez.

INCROYABLE !

Le requin aveugle de roche d'Australie n'est pas réellement aveugle. Il voit même très bien mais, quand il est capturé, il plisse les yeux, et on pourrait croire qu'il n'en a pas.

42 **Le requin goûte souvent sa nourriture avant de la manger.** Il prend généralement un petit morceau d'une nourriture inhabituelle pour vérifier qu'elle est comestible. Certains requins possèdent des papilles sur leur museau qu'ils promènent sur les aliments. Cela leur permet d'en détecter le goût.

Le requin-citron peut voir 45 flashes de lumière par seconde. Il réussirait donc à voir un film image par image sur un écran !

43 Les requins se dirigent dans les passages étroits et sombres grâce au sens du toucher de leur peau. Ils sont également dotés d'une ligne étroite de chaque côté de leur corps, appelée ligne latérale. Cette ligne leur permet de sentir les ondulations et les courants de l'eau provoqués par les animaux à proximité.

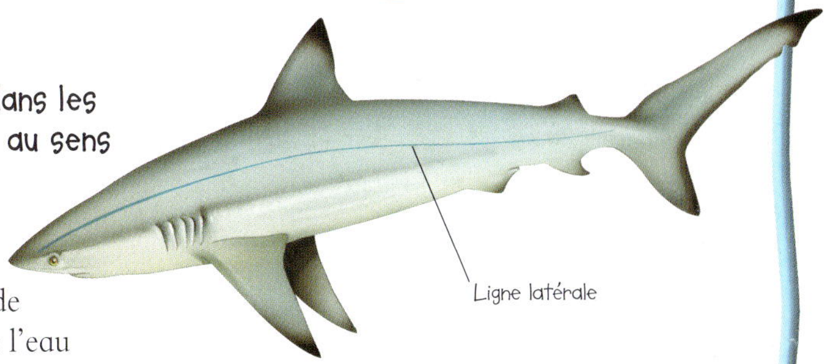

▲ La ligne latérale file sur le coté du corps, de la tête à la queue.

44 Les requins peuvent entendre la respiration des plongeurs ! Ils détectent le bruit des bulles d'air qui sortent de la bouche des plongeurs. Mais l'ouïe n'est pas le sens le plus développé du requin. Ses ouvertures auditives minuscules se situent généralement juste en arrière des yeux.

45 Les requins peuvent détecter l'électricité. Lorsqu'un animal marin se déplace, il émet de petites ondes électriques sous l'eau. Le requin possède des centaines de minuscules trous sur son museau, appelés ampoules de Lorenzini. Elles lui permettent de ressentir ces ondes et ainsi détecter les proies enterrées dans la vase.

▼ Les ampoules de Lorenzini sont les minuscules trous visibles sur le museau de ce grand requin blanc.

Un marteau sur la tête

▲ Les yeux, les narines et les organes détecteurs d'électricité du requin-marteau sont situés à chaque extrémité de sa tête.

46 **Le requin-marteau a réellemen une tête en forme de marteau.** Les experts ont émis plusieurs hypothèses pour expliquer cette forme bizarre. Une des raisons pourrait être que la forme de sa tête ressemble à celle de ailes d'un avion. Lorsque le requin nage, l'eau circule de chaque côté de s tête, ce qui lui permet de garder la tête levée plus facilement qu'avec un museau, exactement comme les ailes de l'avion le maintiennent dans l'air.

47 **La forme de la tête du requin-marteau lui permet peut-être d'accroître ses capacités sensorielles.** Les narines sont placées à chaque extrémité du « marteau ». Les odeurs sont perceptibles par une narine bien avant de l'être par l'autre. En agitant sa tête d'un côté à l'autre le requin-marteau peut repérer la direction d'une odeur plus rapidement.

▼ Le requin-marteau se déplace souvent au fond de l'eau, à la recherche des poissons et des coquillages enfouis.

La tête d'un gros requin-marteau peut mesurer jusqu'à un mètre de large.

48

La plupart des requins vivent seuls mais le requin-marteau aime la compagnie. À certaines périodes de l'année, probablement au moment de la reproduction, il vit en groupe, appelé banc.

◄ Un requin-marteau dévorant une raie, qu'il a découverte à moitié enfouie dans le sable.

49

Avec ses 6 mètres de long, le grand requin-marteau est probablement l'un des plus grands requins prédateurs. Il existe d'autres espèces de requins-marteaux, comme le requin-marteau halicorne et le requin-marteau à petits yeux.

50

Les requins-marteaux sont très dangereux. Ils sont connus pour attaquer les humains. Cependant, leur nourriture comporte aussi du poisson, des calamars, des crabes et des coquillages. Ils mangent également des raies et ne paraissent pas souffrir des piqûres infligées par leur dard. Les requins-marteaux sont également mangés par... les humains. Ils sont capturés pour leur chair savoureuse et pour l'huile que secrète leur foie.

Pourquoi le requin-marteau a t-il une tête en forme de marteau ?

1. Pour casser les rochers qui dissimulent ses proies ?
2. Pour lui permettre de repérer les odeurs dans l'eau ?
3. Pour ouvrir les hublots des épaves ?

Réponse : 2

Une grande gueule

51 **Le requin grande gueule a été découvert en 1976, près d'Hawaï, dans l'océan Pacifique.** En remontant son ancre, un bateau de recherche américain avait trouvé un étrange requin. Les experts comprirent que c'était une nouvelle espèce de requin jamais observée auparavant.

52 **Le requin grande gueule se déplace gueule ouverte au milieu des créatures sous-marines comme le krill et les jeunes poissons.** Les petites proies s'engouffrent dans sa gueule du requin et sont capturées. Ce n'est pas un véritable chasseur, il nage lentement et se nourrit en filtrant l'eau, comme la baleine blanche et le requin-pèlerin.

53 **Le requin grande gueule, comme son nom l'indique, possède une gueule massive de plus de 1,3 mètre de large.** Son corps, souple et mou, mesure environ 5 mètres de longueur. Pendant l'été, lorsqu'il est bien nourri, il peut peser plus d'une tonne.

Le nom scientifique du requin grande gueule, *Megachasma pelagios*, signifie à peu près : « grand navigateur des hautes mers ».

54 **Le requin grande gueule descend et remonte chaque jour.** Il s'approche de la surface au crépuscule pour se nourrir pendant la nuit. Au lever du jour, il plonge dans les eaux plus profondes et passe la journée dans l'obscurité, à plus de 200 mètres de profondeur.

55 **On trouve le requin grande gueule dans le monde entier.** On en a capturé dans tous les océans tropicaux, en particulier dans l'ouest du Pacifique et dans l'océan Indien. Durant ces 30 dernières années, on n'en a trouvé que 20 ! Cette espèce est peut-être très rare.

◀ L'énorme mâchoire du requin grande gueule est située sur l'avant de son corps et non sous sa tête comme chez beaucoup de requins.

La gueule du requin grande gueule luit dans l'obscurité des eaux profondes. Bien qu'il ait une énorme gueule, ses dents sont minuscules.

Avec sa peau flasque et ses nageoires souples, le requin grande gueule nage lentement.

56 **Les scientifiques pensent qu'il existe d'autres espèces de requins encore inconnues.** On retrouve parfois les corps en décomposition d'étranges requins échoués sur les plages mais les restes sont souvent trop abîmés pour qu'on puisse les identifier.

Nager avec les requins

▼ Ce grand requin blanc est sur le point de mordre dans un morceau de viande jeté d'un bateau. Bien qu'il ne soit pas en train de chasser, on voit qu'il tend la tête et sort ses dents pour attaquer.

57

Certaines espèces de petits requins sont assez inoffensives, et l'on peut nager à côté d'elles en prenant certaines précautions. Dans les régions touristiques, on peut même nourrir les requins. Apparemment, ils peuvent être dressés à accepter la nourriture que leur donnent les plongeurs.

58

Le squalelet féroce ne mesure que 50 centimètres de long, il possède une large gueule et de grandes dents acérées. Ce requin attaque des poissons beaucoup plus grands que lui en arrachant des morceaux de peau et de chair avant de s'enfuir. Sa victime se retrouve avec un trou dans le corps !

Le squalelet féroce est très difficile à attraper dans un filet. Il se libère en quelques secondes en mordant les mailles et s'enfuit.

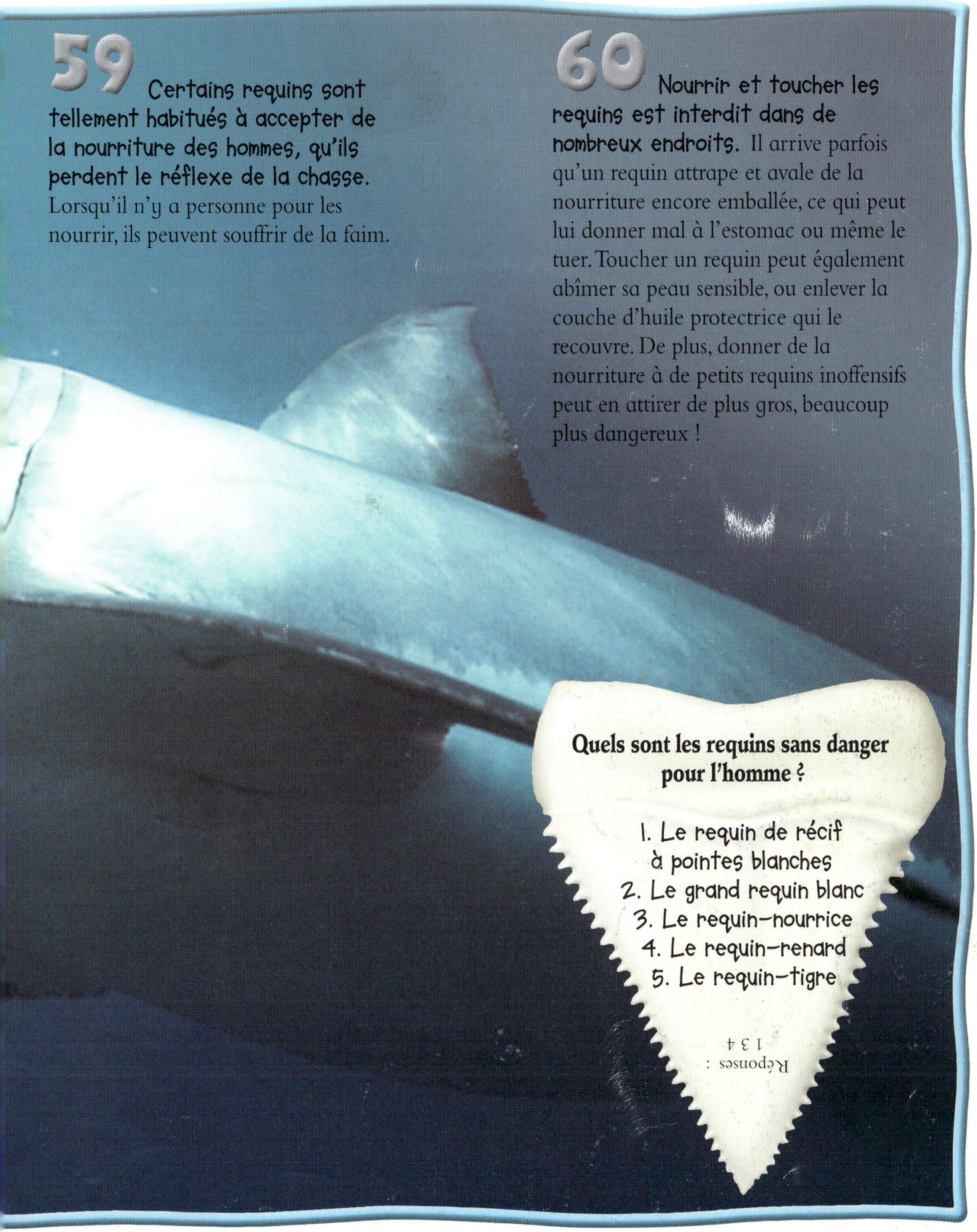

59 **Certains requins sont tellement habitués à accepter de la nourriture des hommes, qu'ils perdent le réflexe de la chasse.** Lorsqu'il n'y a personne pour les nourrir, ils peuvent souffrir de la faim.

60 **Nourrir et toucher les requins est interdit dans de nombreux endroits.** Il arrive parfois qu'un requin attrape et avale de la nourriture encore emballée, ce qui peut lui donner mal à l'estomac ou même le tuer. Toucher un requin peut également abîmer sa peau sensible, ou enlever la couche d'huile protectrice qui le recouvre. De plus, donner de la nourriture à de petits requins inoffensifs peut en attirer de plus gros, beaucoup plus dangereux !

Quels sont les requins sans danger pour l'homme ?

1. Le requin de récif à pointes blanches
2. Le grand requin blanc
3. Le requin-nourrice
4. Le requin-renard
5. Le requin-tigre

Réponses : 1 3 4

Les cousins des requins

61 La famille des requins est très proche des espèces qui, comme eux, ont un squelette constitué de cartilage et non d'os. Les autres espèces de poissons cartilagineux sont les raies et la chimère.

▲ Les chimères possèdent une longue queue effilée qui mesure jusqu'à un mètre de long.

62 Les raies sont des poissons de forme plate, mais non des poissons plats. Les véritables poissons plats, comme les plies, ont un squelette en os et se tiennent sur leur côté droit ou gauche. Les raies ont des corps très larges, avec des surfaces plus ou moins plates et une longue queue.

63 Une raie « vole » dans l'eau. Les côtés de son corps se déploient comme des ailes. Les « ailes » repoussent l'eau vers l'arrière et lui permettent d'avancer. Contrairement aux requins et aux autres poissons, la raie n'utilise que rarement sa queue pour nager.

▶ La tête de l'immense raie manta est munie de sortes de « cornes » de chair qui conduisent l'eau dans sa gueule. On peut la voir ici à côté d'une espèce de raie plus petite et plus répandue, la raie tachetée.

Les torpilles ou raies électriques peuvent infliger des décharges électriques de plus de 200 volts.

64 La plus grande des raies est la raie manta.

La plus grande des raies est la raie manta. Elle peut mesurer jusqu'à 7 mètres et peser près de 2 tonnes. Elle possède une grande gueule et se nourrit comme le requin-baleine, en filtrant les petites créatures dans l'eau. Malgré sa grande taille, elle est capable de sauter au-dessus de la surface de l'eau et de retomber en faisant une énorme éclaboussure.

65 La pastenague possède une longue queue couverte de grandes épines pointues.

La pastenague possède une longue queue couverte de grandes épines pointues. Elle les utilise comme des couteaux pour introduire du poison dans le corps de ses victimes et de ses ennemis. Certaines espèces de pastenagues vivent dans les lacs et les rivières.

66 Le poisson-scie est différent du requin-scie.

Le poisson-scie est différent du requin-scie. Le poisson-scie a la même forme que le requin mais c'est une sorte de raie, avec un long museau terminé par des dents pointues. On peut les différencier grâce aux fentes branchiales situées sur le bas du corps du poisson-scie et sur les côtés comme chez le requin.

Raie manta

LA RAIE « VOLANTE »

Tu auras besoin :

d'une paire de ciseaux, de papier rigide, de stylos de différentes couleurs, de ruban adhésif, d'une paille et d'un peu de pâte à modeler.

1- Découpe la forme d'une raie dans le papier.
2- Colorie-la et plie-la dans le sens de la longueur avec les « ailes » vers le haut. Colle ensuite la paille sur l'extérieur de la pliure avec du ruban adhésif, de façon à la faire dépasser à l'arrière, comme une queue. Ajoute une boule de pâte à modeler à l'extrémité de la queue.
3- Fais voler la raie en ajustant la longueur de la queue pour la faire planer lentement.

À la recherche d'un partenaire

▼ Ce requin bleu se dirige vers sa zone de reproduction habituelle, dans la partie peu profonde des océans, près des côtes, pour chercher sa partenaire.

67 Les requins femelles ont besoin des requins mâles pour se reproduire. Il faut que le mâle et la femelle s'accouplent, pour que la femelle puisse donner naissance à sa progéniture. Certaines espèces de requins pondent des œufs, d'autres donnent naissance à leurs petits.

68 Certains requins forment de grands groupes, appelés bancs, pour se reproduire. Les requins-marteaux se rassemblent par centaines, et même par milliers, pour que les femelles et les mâles puissent choisir leur partenaire pour s'accoupler. Le requin-nourrice et l'aiguillat forment également des groupes pour se reproduire.

▼ Pendant la période de reproduction, les requins-marteaux se déplacent lentement en énormes bancs.

Presque tous les requins se reproduisent une fois qu'ils ont atteint une certaine taille ; s'ils mangent bien, ils peuvent donc commencer plus jeunes.

▶ Le requin de récif à pointes blanches mâle se repose dans les eaux peu profondes. Il attend de sentir les essences, appelées phéromones, qui lui indiqueront que les femelles sont proches.

69 **Les requins ont un mode de reproduction compliqué qui commence par la cour.** Ils diffusent des odeurs ou « parfums » sous l'eau pour attirer un partenaire. Ensuite, ils se frottent l'un contre l'autre, enroulent leur corps l'un autour de l'autre et parfois même se frappent ! Le mâle peut attraper la femelle à l'aide de ses deux organes copulateurs, appelés myxoptérygies, situés de chaque côté de son ventre.

70 **Certains requins se reproduisent peu fréquemment.** Cela peut poser problème, surtout lorsque les hommes en attrapent beaucoup. Le requin ne se reproduit alors pas suffisamment pour renouveler l'espèce qui se raréfie et risque de s'éteindre.

Des œufs et des bébés requins

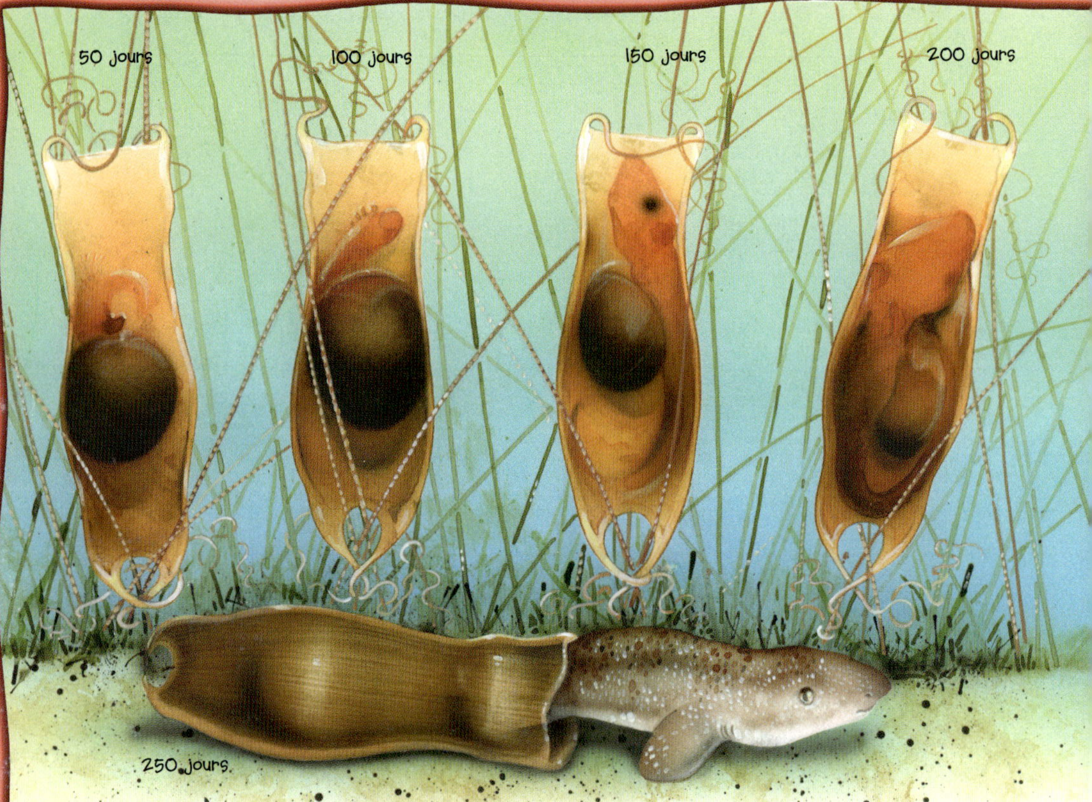

▲ Un bébé requin-chat grandit lentement dans sa coquille protectrice. À 50 jours, il est plus petit que sa réserve de nourriture, appelée vitellus. Il se développe progressivement et sort huit mois plus tard.

71 Certaines femelles requins pondent des œufs

Chaque œuf a une coquille solide à l'intérieur de laquelle se développe le bébé requin appelé embryon. La coquille possède de longs filaments qui s'accrochent dans les herbes ou les rochers. Tu peux trouver des coquilles vides sur le bord des plage Dans certaines régions, on les appelle les « sacs à main de sirènes ».

INCROYABLE !

Lors de la croissance des bébés requins-tigres dans le corps de leur mère, les plus gros mangent les plus petits.

Dans la plupart des espèces de requins, la femelle a une peau épaisse pour se protéger des morsures que lui inflige le mâle qui lui fait la cour.

72 **D'autres femelles requins ne pondent pas d'œufs mais donnent naissance à des petits,** comme le requin-marteau et le requin-pèlerin. Les petits doivent faire très attention aux dangers car leurs parents ne les protègent pas.

▲ Le bébé sagre lanterne, toujours rattaché à son vitellus qui lui permet de se nourrir et de continuer à grandir.

73 **Certains requins peuvent avoir une multitude de petits en une seule fois !** Le requin- baleine donne naissance à près de 300 petits, chacun mesurant une soixantaine de centimètres.

74 **Malheureusement, beaucoup de petits requins meurent.** Les femelles requins pondent leurs œufs ou donnent naissance à leurs petits dans des zones protégées, comme les baies, les anses ou les récifs où ils peuvent se cacher facilement. Les petits requins sont pourtant des proies faciles pour les prédateurs comme les dauphins, les barracudas, les lions de mer et les autres requins.

▼ Les coquilles des œufs du requin de Port Jackson sont en forme de spirale. La maman requin prend chaque œuf dans sa gueule et le dépose dans un endroit sûr, sous un caillou par exemple.

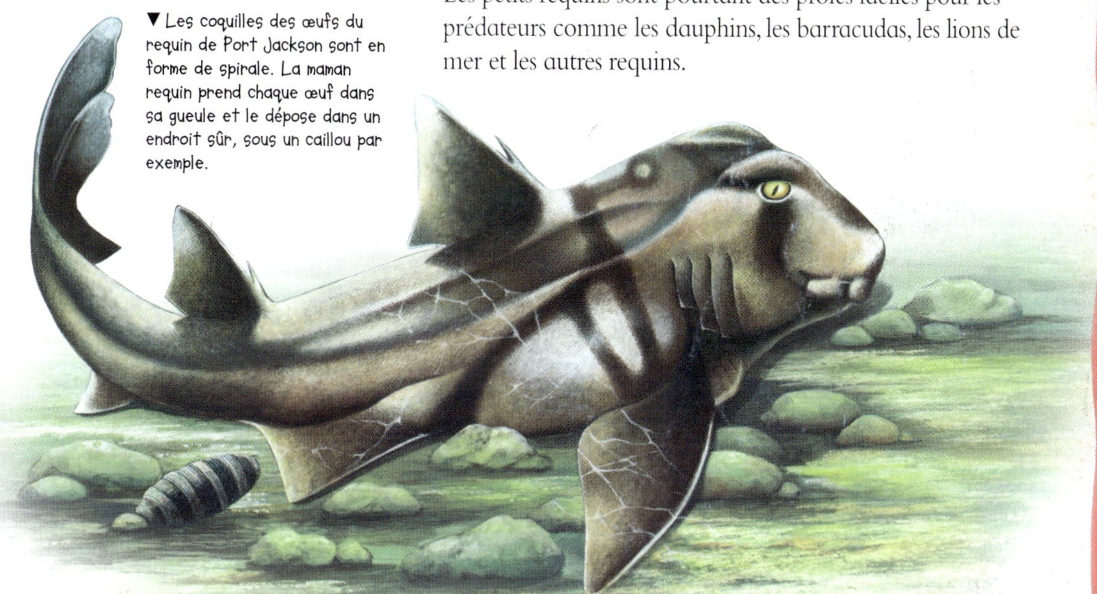

Les requins ont le pouvoir de « disparaître »

75 **Certains requins réussissent à se confondre avec leur environnement si bien qu'ils sont difficiles à repérer.** Cela s'appelle un camouflage. Le requin-tapis a un corps grumeleux, avec des taches et des rayures, qui ressemble aux rochers et à la végétation sous-marine. Il attend qu'un poisson passe à proximité et ouvre la gueule pour l'avaler.

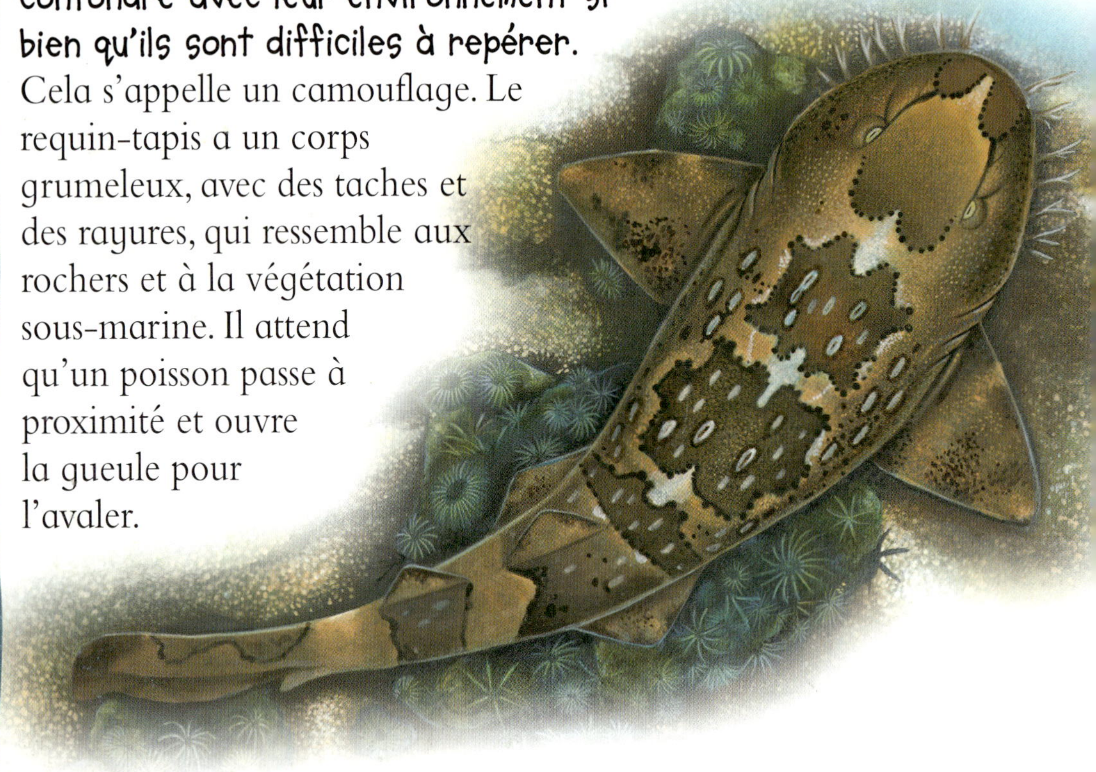

▲ Les motifs tachetés, la peau grumeleuse et la gueule à collerette du requin-tapis le rendent difficile à repérer lorsqu'il repose silencieusement au fond de l'eau.

76 **Les rayures du jeune requin-zèbre lui permettent de se confondre avec les stries du sable ou de la vase formées par les courants.** Ses rayures peuvent aussi être confondues avec les ombres des ondulations de la surface de l'eau. Lorsque le requin-zèbre grandit, ses rayures deviennent des points.

◀ Les points de ce requin-zèbre adulte étaient auparavant reliés et formaient des rayures.

Il semble que la femelle requin de Port Jackson transporte ses œufs dans sa gueule jusqu'à un endroit protégé.

77 **L'ange de mer possède un corps plat et mou qui a exactement la couleur du sable.** Il se confond parfaitement avec les fonds sableux lorsqu'il guette ses proies. On l'appelle « ange » à cause de ses nageoires qui s'ouvrent comme les ailes d'un ange.

▶ Le corps tacheté de cet ange de mer ressemble à une couche de sable sur le fond sous-marin.

78 **Même en plein océan, les requins sont difficiles à repérer.** C'est à cause de la contre-projection des couleurs : le dos du requin est foncé alors que son ventre est plus clair. Vu du dessus, le dos du requin se confond avec la couleur sombre des eaux profondes. Vu du dessous, le ventre plus pâle du requin se confond avec la couleur de la surface de l'eau et celle du ciel.

▼ Ce profil de requin à pointe argentée montre la contre-projection des couleurs : il est plus sombre sur le dessus et plus clair sur le dessous.

Qui vit où ?

Relie chaque requin à son habitat naturel.

1. Requin bleu – bleu clair dessus, presque blanc dessous
2. Requin-tapis – tacheté de brun et de blanc, peau grumeleuse et collerette
3. Aiguillat – taches sombres et corps clair

Habitats:

A. Fonds sableux
B. Haute mer
C. Rochers et végétation sous-marine

Réponses :
1 B
2 C 3 A

Les amis des requins

▼ Les labres nettoyeurs se rassemblent autour de la gueule et des fentes branchiales de ce requin de récif à pointes blanches.

79 Certains poissons entrent dans la gueule des requins... et survivent ! Ces petits poissons de couleurs vives s'appellent des labres nettoyeurs. Le requin les laisse grignoter de petits morceaux de peau, d'écailles et de parasites, comme les sangsues et les bernacles, sur son corps, ses fentes branchiales, sa gueule et ses dents. Cela permet au requin de se nettoyer et au labre de manger. Une relation comme celle-ci, entre deux espèces animales, s'appelle une « symbiose ».

L'un des requins les plus tachetés est la petite roussette, que l'on trouve essentiellement en mer Méditerranée.

80 **D'autres poissons aiment nager tout près des requins.** On les appelle des poissons-pilotes. Ils se rassemblent devant et autour de la gueule du requin pour se protéger des autres prédateurs qui pourraient les manger. Ils attendent que des morceaux de nourriture tombent de la gueule du requin ou économisent leur énergie en nageant dans le sillage du requin, dans les remous et courants créés par ses mouvements.

VRAI OU FAUX ?

1. Le requin mange tous les poissons qui entrent dans sa gueule.
2. Les rémoras mangent les petits morceaux de nourriture qui tombent de la gueule du requin.
3. Une relation d'entraide entre deux espèces différentes s'appelle une « symbiose ».

Réponses :
1. faux
2. vrai 3. vrai

81 **Certains poissons s'accrochent aux requins et voyagent avec eux à travers les océans.** Le rémora possède une ventouse au sommet de sa tête, qu'il colle sous le ventre d'un grand requin (ou d'une autre grosse créature marine). Ainsi accroché, il économise son énergie en se faisant transporter et peut se nourrir des miettes du repas du requin.

▼ Le rémora se détache de ce requin-taureau, laissant voir sa tête surmontée d'une ventouse.

Les requins en mouvement

82 **Il existe environ 330 espèces de requins, mais rares sont ceux qui quittent les eaux salées de la mer pour s'aventurer dans les eaux froides des rivières** L'un d'entre eux est le requin-taureau qui voyage sur des centaines de kilomètres dans les rivières, surtout en Amérique du Sud. Il attaque les pêcheurs, les plaisanciers et les baigneurs.

83 **L'espèce la plus répandue est le requin bleu que l'on trouve presque dans toutes les parties de tous les océans, à l'exception des mers glaciaires.** Dans l'océan Atlantique, il voyage des Caraïbes à l'Europe de l'Ouest, descend vers l'Afrique et retourne ensuite aux Caraïbes, soit 6000 kilomètres par an !

84 **Certains requins vivent dans de petits territoires et s'en éloignent rarement.** L'un d'eux est le requin des Galápagos qui nage autour d'un petit groupe d'îles des Tropiques.

▼ Les requins ne sont pas tous de grands voyageurs. Le requin des Galápagos nage dans des zones limitées.

En échange du voyage offert par le requin, les rémoras débarrassent la peau du requin de ses parasites.

▶ L'un des rares requins à sortir régulièrement de l'eau est le requin chabot épaulette qui se hisse sur les rochers grâce à ses solides nageoires pectorales.

Tous les requins chabots épaulettes possèdent un ocelle (une tache en forme d'œil) au-dessus de la nageoire pectorale.

De larges nageoires pectorales permettent au requin chabot épaulette de se déplacer au fond de la mer.

85 **Le requin chabot épaulette peut quitter l'eau pour se déplacer sur la terre.** Il peut se hisser sur le rivage et se déplacer d'un rocher à un autre en prenant appui sur ses nageoires pectorales solides dont il se sert comme de bras.

86 **Les requins peuvent posséder une « boussole » interne.** Les êtres humains utilisent les boussoles pour trouver leur chemin à travers les mers ou les terres lointaines. La boussole détecte le champ magnétique naturel de la Terre et indique les pôles Nord et Sud. Les requins sont également capables de le faire en se servant de minuscules parties de leur corps. D'autres animaux en sont également dotés, comme certains oiseaux et tortues. C'est ce qui permet aux requins de trouver leur route à travers les océans.

INCROYABLE !

La plupart des créatures sous-marines ne peuvent plonger à plus de 500 mètres de profondeur, mais le pailona commun nage à plus de 3500 mètres en dessous de la surface.

Les requins et la science

87 Les scientifiques étudient les requins dans le monde entier ; en particulier leur mode de vie, leur comportement et leurs déplacements. On fixe parfois de petits émetteurs radio à de gros requins pour les localiser grâce au signal radio. On attache des étiquettes en plastique portant un code chiffré sur les nageoires des requins de petite taille. Ce code permet de les identifier si on les capture à nouveau.

▲ Cet aiguillat porte une étiquette en plastique fixée à sa nageoire dorsale. Elle permet aux scientifiques d'enregistrer ses déplacements.

Certains grands requins équipés de balises radio ont été pistés sur plus de 2500 kilomètres.

88 Les requins nous montrent les problèmes des océans. Dans certaines zones, les requins ont disparu sans raison apparente. Cela peut indiquer un déséquilibre de la nature dû à une pollution de l'eau. Les produits chimiques peuvent affecter les requins et les pousser à partir. La pollution peut également toucher les proies des requins, comme les petits poissons, et les requins doivent alors aller chercher leur nourriture ailleurs.

89 Certains requins peuvent vivre en captivité. Ils sont très populaires auprès des visiteurs des parcs aquatiques et des aquariums. Le public aime s'approcher tout près d'eux pour observer leurs dents, leurs yeux et leurs nageoires ou admirer la légèreté et la grâce de leurs mouvements dans l'eau. En captivité, ils nous permettent également d'en apprendre plus sur l'espèce et de trouver des moyens de les protéger ainsi que leur habitat naturel.

90 Les requins peuvent faciliter la découverte de nouveaux médicaments. Les requins sont sujets à des infections et des maladies que l'on observe rarement chez d'autres animaux. Les scientifiques se servent de l'observation des parties de leur corps, de leur sang et de leurs sécrétions corporelles pour fabriquer des médicaments plus efficaces pour les êtres humains.

▼ Les aquariums géants nous permettent d'observer le fascinant monde sous-marin des requins et autres poissons.

Les attaques de requins

▲ Vue du dessous, une planche ressemble à une tortue ou un phoque, ce qui pourrait expliquer que les grands requins prédateurs attaquent parfois les surfeurs.

91 Les requins les plus dangereux sor le grand requin blanc, le requin-tigre et requin-taureau. Cependant, il est difficile d'identifier clairement quel requin a agress un humain. Les attaques sont soudaines et l'animal disparaît aussitôt après. On accus souvent les grands requins blancs, alors qu' pourrait très bien s'agir de requins-taureau

▶ Les grands requins blancs attaquent parfois les humains mais leurs aliments préférés restent le poisson, les phoques et les lions de mer.

92 Les zones connues pour avoir subi des attaques de requins sont la côte est de l'Amérique du Nord, la côte ouest de l'Afrique et les rivages de l'Asie du Sud-Est et de l'Australie. C'est en partie parce que ces régions sont très fréquentées par les surfeurs et les baigneurs.

Le requin-pèlerin se déplace à la vitesse de 4 km/h, mais il peut nager cinq fois plus vite sur de courtes durées.

93 Généralement les attaques de requins ne sont pas mortelles.

93 Généralement les attaques de requins ne sont pas mortelles. Le requin peut faire une « morsure-test » sur un humain et réaliser que ce n'est pas sa nourriture habituelle. La victime est blessée, mais non tuée.

◀ Les grands requins se font eux aussi attaquer par les énormes éléphants de mer qui peuvent peser plus de 500 kilos.

94 Les requins n'attaquent pas les gens parce qu'ils les détestent : ils sont juste affamés et à la recherche de nourriture. Ils confondent parfois les humains avec leurs proies habituelles, comme les lions de mer.

95 Le risque d'attaques de requins peut être limité de plusieurs façons. Par exemple, avec des barrières ou des filets le long des plages, des patrouilles en bateau ou en avion, des tours de surveillance. Il vaut mieux éviter de nager en dehors des zones protégées.

▶ Les films sur les requins les présentent souvent plus féroces que dans la réalité. Le film « Peur bleue », sorti en 1999, montre des requins extrêmement intelligents et assoiffés de sang.

INCROYABLE !

Il y a chaque année moins de dix attaques de requins mortelles, dix fois moins que le nombre de personnes tuées par la chute d'une noix de coco !

96 Le requin n'est vraiment pas l'animal le plus dangereux ! Chaque année, beaucoup plus de personnes sont tuées par le venin des serpents, les tigres, les éléphants, les hippopotames et les crocodiles. Certains animaux minuscules sont beaucoup plus dangereux que les requins. Les moustiques qui transmettent la malaria, par exemple, causent la mort de plus d'un million de personnes chaque année.

Protéger les requins

97 Certaines espèces de requins deviennent très rares. Le grand requin blanc fait partie de ces espèces qui disparaissent pour de nombreuses raisons : ils sont pourchassés par des personnes qui les croient dangereux et par les pêcheurs. Ils sont parfois victimes d'accidents et se font prendre dans les filets utilisés pour pêcher le thon.

98 La chair du requin rentre dans la composition de nombreux plats, comme la soupe aux ailerons de requin par exemple. La chair du requin est mangée par les humains du monde entier sous forme de steak. Son huile sert à fabriquer des produits cosmétiques et des compléments alimentaires. On ne sait pas toujours que l'on consomme du requin car, dans le commerce, il a un autre nom. Ainsi, la chair de l'aiguillat, par exemple, est vendue sous l'appellation de « saumon de roche ».

▲ En étudiant les requins de très près et en observant tous leurs comportements, les experts contribuent à l'effort de préservation.

Le grand requin blanc a été ajouté à la liste des espèces menacées en 1996.

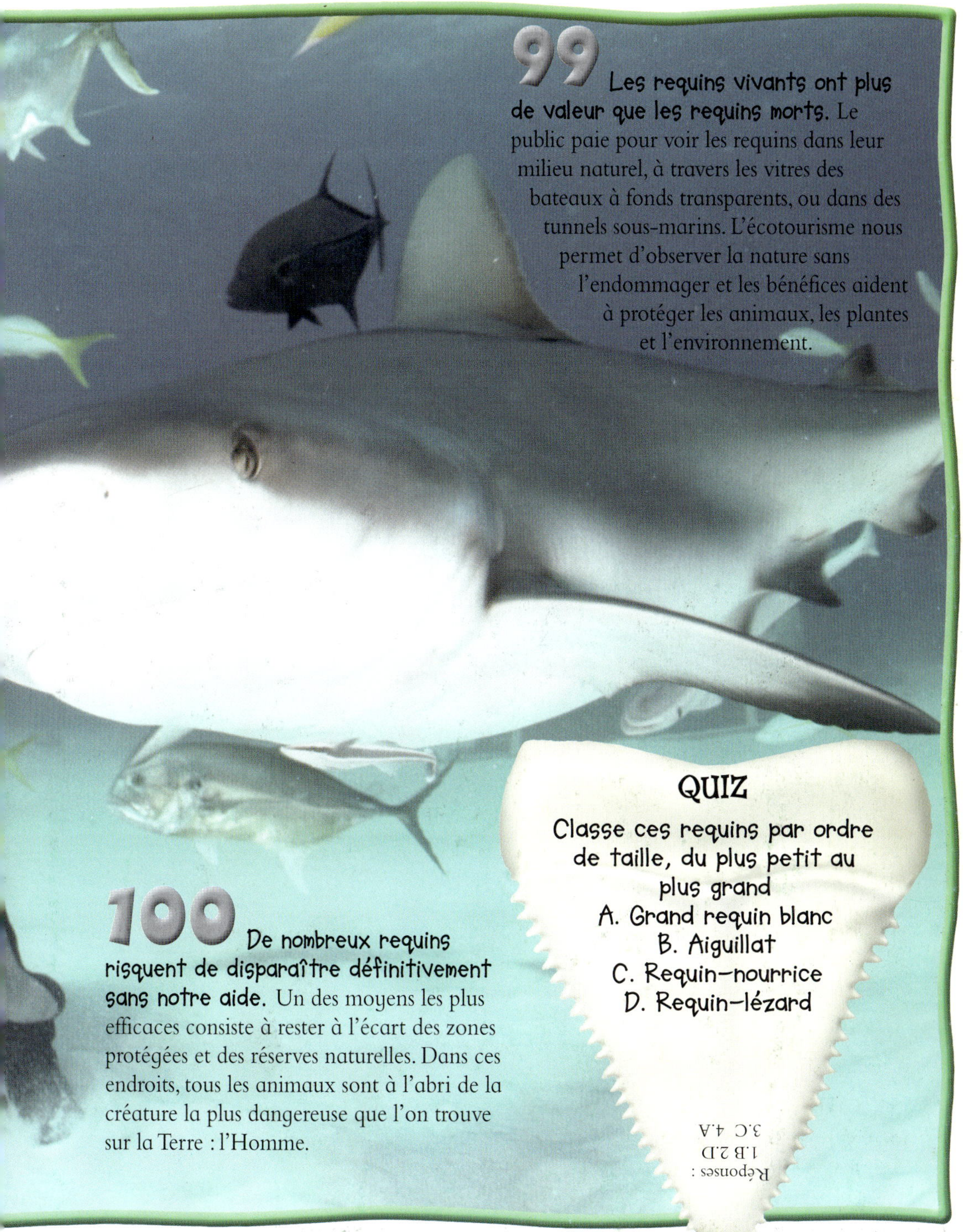

99 **Les requins vivants ont plus de valeur que les requins morts.** Le public paie pour voir les requins dans leur milieu naturel, à travers les vitres des bateaux à fonds transparents, ou dans des tunnels sous-marins. L'écotourisme nous permet d'observer la nature sans l'endommager et les bénéfices aident à protéger les animaux, les plantes et l'environnement.

100 **De nombreux requins risquent de disparaître définitivement sans notre aide.** Un des moyens les plus efficaces consiste à rester à l'écart des zones protégées et des réserves naturelles. Dans ces endroits, tous les animaux sont à l'abri de la créature la plus dangereuse que l'on trouve sur la Terre : l'Homme.

QUIZ

Classe ces requins par ordre de taille, du plus petit au plus grand

A. Grand requin blanc
B. Aiguillat
C. Requin-nourrice
D. Requin-lézard

Réponses :
1.B 2.D
3.C 4.A

Index